立正大学ウズベキスタン学術交流プロジェクトシリーズ 1

ウズベキスタンの仏教文化遺産

ショキルジョン・ピダエフ 著
Sh.Pidaev

加藤九祚・今村栄一 訳

六一書房

刊行にあたって

　立正大学は古く1580年に設けられた日蓮宗僧侶の教育機関を起源としております。大学としては147年の歴史があり，いまや8学部14学科を擁し，学生数一万人を誇る日本有数の総合大学であると自負しております。

　多くの日本の大学のなかでも，伝統，教育・研究の内容ともに高く評価されてきたところであり，多くの同窓が社会的に活躍しております。

　立正大学は1967年からの10年間，釈尊の住まわれたカピラ城探索のための発掘調査を，ネパール国のティラウラコット遺跡で行い，遺跡がカピラ城である可能性を指摘することができました。半世紀の時を経て実施したウズベキスタン共和国における仏教遺跡の調査は，この調査に続くものであります。

　これらの海外仏教遺跡の調査は，日本文化の基底を形づくった仏教の様相の一端を明らかにするうえで重要なものと位置づけることができます。また，仏教系大学としての立正大学の存立の基盤を明らかにするうえでも，意義あるものと考えております。

　ウズベキスタン共和国における仏教遺跡の調査は，インドにおいて起源・発展し，中央アジアを経て中国に至り，朝鮮半島を通じて日本に伝わった仏教伝播過程の様相を明らかにすることを目的として，2014年に開始されました。

　ウズベキスタン共和国の南部のスルハンダリヤ州に所在するカラテパ遺跡は，広くインド大陸から中央アジアまでを版図としたクシャン朝の2～3世

紀に築造された仏教遺跡であり，50年以上に及ぶ調査歴を誇ります。

立正大学のカラテパ遺跡の調査は，ウズベキスタン共和国において遺跡の調査に長く携わってこられた，国立民族学博物館名誉教授の加藤九祚氏が，当地の研究者の方々と共同して進めておられた調査を，立正大学が引き継いだものであります。

2017年までの4年間の調査によって，従来知られていた僧院跡の西側に大規模な建物跡が存在することが明らかになり，極彩色の壁画をもつ建物跡の存在も明らかになりました。十分に意義ある成果を挙げたものと誇れるところです。

カラテパ遺跡の調査は，ウズベキスタン共和国科学アカデミー芸術学研究所と提携し，所長のピダエフ・ショキルジョン氏に協力を賜って進めてきました。ピダエフ氏は，長くスルハンダリヤ州の古代遺跡の調査に携わってこられた，ウズベキスタン共和国における著名な考古学者の一人であり，適切な提携であったものと確信しております。

また，カラテパ遺跡に近いズルマラ仏塔は，クシャン朝の築造とされる高さ13mを誇る大規模な仏塔であり，1700年を越える時の経過によって崩壊の危機に瀕しております。この仏塔の保存のための基礎的な調査も継続して行ってきました。

立正大学によるカラテパ遺跡，ズルマラ仏塔の調査は，日本国政府においても高く評価され，2017年からは私立大学研究ブランディング事業として採択され，多額の補助金の交付をうけております。

2018年11月23日に開催した「シルクロードの歴史・考古・美術」の国際シンポジウムも，この事業に関連して開催されたものであります。この国際シンポジウムにも，招待したウズベキスタン共和国の六人の研究者の一人としてピダエフ氏が来日されて「カラテパのモニュメンタルな仏教僧院コンプレクス研究」と題してカラテパ遺跡の研究成果を発表されております。

ここに「立正大学ウズベキスタン学術交流プロジェクト」事業の一環として，加藤九祚氏が翻訳されたピダエフ・ショキルジョン氏執筆の「ウズベキスタン仏教考古学と仏教的遺産」と，最新の成果である「カラテパ仏教寺院

出土の壁画」を載せた本書を刊行することは，立正大学とウズベキスタン共
和国との文化交流の推進に有益なものと思われるところであり，広く活用さ
れることを望みます。

　2019 年 1 月 15 日

立正大学 33 代学長　　齊　藤　　昇

目　次
contents

刊行にあたって　　i
ウズベキスタン・テルメズ周辺地図　　vi

ウズベキスタン仏教考古学と仏教的遺産　　1
　　ショキルジョン・ピダエフ著（加藤九祚訳）
ウズベキスタン共和国とその歴史的地理的位置づけ　　3
ウズベキスタン南部の仏教遺跡　　4
アイルタム　　5
テルメズ　　9
カラテパの発見とその役割　　10
ファヤズテパ　　19
ズルマラ　　23
ダルヴェルジンテパ　　24
仏教伝播のルートとソグド人　　26
地域最大の仏教的中心としてのウズベキスタン南部　　30
クシャン帝国の崩壊と仏教教団　　31
フェルガナ・クワの仏教遺跡　　31
ウズベキスタン美術史における仏教美術の貢献　　32

カラテパ仏教寺院出土の壁画　　83
　　ショキルジョン・ピダエフ著（今村栄一訳）

砂に埋もれた仏教寺院の残影を追って　　93

ウズベキスタン・テルメズ周辺地図

ウズベキスタン仏教考古学と仏教的遺産

ショキルジョン・ピダエフ 著

加藤九祚 訳

我が国民の民族的，文化的，宗教的寛容さは，
精神的ルネサンスのもうひとつの涸れることなき源泉である。
──イスラム・カリモフ（ウズベキスタン共和国初代大統領）

ウズベキスタン共和国と
その歴史的地理的位置づけ

　1991 年，世界地図上に新しい主権国家ウズベキスタン共和国が現れた。独立後の 20 年間に，この国家の社会，政治および経済のあらゆる分野において根本的な変化が生じた。国際社会は改革の規模に相応な評価を与えている。20 年は長いとはいえないが，変化は我が国のあらゆる分野に及んでいる。多くの都市と村落は相貌を変え，歴史的建築群はその輝きを増した。

　科学と文化の分野でも多くの仕事がなされた。I. A. カリモフ大統領のイニシアチブと支持のもと，ウズベキスタン国民が数千年にわたり蓄積した国民的伝統や遺産の復活を目指して，その目的に沿った政策が行われた。歴史的文化的遺産の調査，研究，保存，復興へのアプローチが再評価された。これらの遺産は我が国の財産であるだけでなく，全世界にとっても非常に重要な歴史的蓄積である。

　ウズベキスタンはその占める地理的位置のために，自らの歴史の全期間にわたって，様々な民族移動の交差点にあった。中央アジアの大河アムダリヤとシルダリヤによってうるおされるウズベキスタンの地は，他の歴史的文化的地域とは異なる有利な気候条件をそなえている。我が国は銅，錫，金，半貴石といった鉱物が豊かであり，つねに個人や部族，民族全体の関心を引いた。このことは，ウズベキスタンの地を東西文明の相互関係の展開に引き入れた，盛んな民族文化的接触の原因となった。

　およそ 100 万年前，この地にはすでに原始人が住んでいた。それを証明するのは，フェルガナのセレングル洞穴からの発見物である。広く学界で認められた諸遺跡でウズベキスタンの考古学者によってなされた発見は，ユーラシアにおける人類起源の研究に大きく寄与し，ウズベキスタンの地が現人類の形成地域に入ることを示した。

　青銅器時代（前 3000〜前 2000 年紀），ウズベキスタン南部に古代オリエント的タイプの都市化された文明が形成された。その文明の特徴は原［プロト］

都市——モニュメンタルな宮殿，神殿，要塞の３つをそなえた集落——であった。土器や金属製品，織物など，高度に商品化された手工業が発展し，メソポタミア，西アジア，インドの大文明との密接な商業的，文化的接触が行われた。それと同時に，『アヴェスタ』や古代ギリシアの記録資料によって知られるバクトリア，ソグド，ホラズムのような初期国家形成がなされた。また最古の一神教の一つであるゾロアスター教が生まれ，発展した。古典古代期（前３～紀元３世紀）には都市化のプロセスが新たな刺激を受けた。グレコ・バクトリア王国，康居，大宛，クシャン帝国が成立し，数百の新都市が生まれ，さまざまな手工業が盛んになった。ウズベキスタンの地は世界的な交易のシステムに引きこまれ，大シルクロードに沿って，古典古代世界の諸国と中国，インドとの積極的な商業的，文化的，外交的関係がはじまった。同じ時期に，バクトリアに仏教が入り，仏教美術が発達した。この地域からの出身者はその後，東トルキスタン，中国，朝鮮に仏教を広めるうえで重要な役割を果たした。

ウズベキスタン南部の仏教遺跡

　仏教がウズベキスタン南部の古代および初期中世の歴史に深い痕跡を残したことは，仏教文化に属する遺跡の発見と調査，高度な美術品やその他の品々の発見によって，はっきりと証明されている。中央アジアでもっとも有名で，しかも古い仏教遺跡が，まさにウズベキスタン南部，紀元１～３世紀の古代世界で最大の国家の一つであるクシャン帝国の版図内で発見されたことが特徴的である。

　現在，ウズベキスタン南部では次のようなユニークな仏教遺跡がよく研究されている。カラテパの洞窟＝地上式仏寺と僧院，ファヤズテパ，ズルマラのストゥーパ［仏塔］，アイルタムの仏教僧院，ダルヴェルジンテパ，ザールテパである。これらの遺跡の調査は，中央アジア仏教史だけでなく，この宗教の中国および極東への伝播における中央アジア仏教の役割にも光をあてた。

ウズベキスタン南部における仏教遺跡の考古学的研究はバクトリアにおける仏教と仏教文化の隆盛が大クシャン国の治世，つまり紀元1〜3世紀であることを示している。同時に，バクトリア人が仏教を初めて知った時期の問題は今も議論の的になっている。ある研究者はその時期を前3世紀後半とし，別の研究者は前2世紀前半と月氏時代（前2世紀後半〜前1世紀から紀元1世紀初頭まで）とし，第3の研究者は，バクトリア人が仏教を知ったのは有名なクシャンの王カニシカの治世（紀元2世紀前半）であるとしている。

　バクトリアの住民と仏教の最初の出会いは，前1世紀以後ではなかったと考えることができる。この地におけるクシャン国家成立期までには，おそらく，インドからの仏教の布教者たちからなるかなり大きなコロニーがすでに存在していた。彼らは現地住民の間で仏教を積極的に広めた。しかしバクトリアへの集中的な仏教流入はクシャン国家の成立後にやっと可能になった。つまり中央アジア南部とアフガニスタンおよびインド北西部が統一帝国の版図内に入り，仏教の布教者が大量に国内全土を移動できるようになってからである。バクトリアを含むクシャン帝国内で仏教が広範に広まるには，クシャンの諸王や総督たちによる特別な仏教保護が大きな役割を果たした。文字史料と考古学的発見物は，彼らがしばしば公開討論を行い，多額の資金を提供して仏教礼拝建造物の建設を援助したことを示している。この点で，クシャン帝国の支配者のなかでも突出していたのはカニシカ王であった。

アイルタム
――ウズベキスタン南部における仏教遺跡研究の端緒

　中央アジアにおける仏教と仏教美術の研究は1932年，テルメズの上流7km のアイルタム付近のアムダリヤから，アカンサスの葉の中でそれぞれハープ，太鼓，リュートを奏する3体の半身像が描かれた石製レリーフが引き上げられてから始まった。このフリーズの発見はウズベキスタンにおける仏教と仏教美術研究の端緒となった。1933年，アイルタムでの考古学的発

フリーズ（楽人像）　石灰岩／アイルタム／1-2世紀

掘作業の過程で，さらに7個の石製レリーフ像が見つかった。このブロックは，アムダリヤの高い岸辺に位置し，三方から強力な防壁と塔をめぐらされたモニュメンタルな建物の装飾の一部であった。建物は紀元1世紀の建物の廃墟の上に建てられた。レリーフ像のあるブロックは，建物や礼拝室への通路の装飾列柱の上部を飾ったものとみられる。

　1964年，アイルタムの寺院の東方1kmあまりの地点で，石のブロックで表面を飾ったストゥーパが発掘された。1979年，仏教寺院に隣接した地点で，これに劣らず興味深い発見が考古学者によってなされた。台座に6行のバクトリア文字銘文が刻まれ，二人の人物像が描かれた石碑が発見された。

　8枚の水平の石版からなるアイルタムのフリーズの隅には，渦巻装飾と2列の大ぶりのアカンサスの葉が描かれた。そしてその間に，アカンサスの葉の間を飛んでいるかのような，深く彫りこまれたレリーフで作られた人物胸像が配置されていた。この像はハープ，リュート，ダブルフルート，ドラム，シンバルを奏でる天上の楽人ガンダルバたち，それに花輪，容器，果物を持った供養者の女性たちであった。この場面の参加者は，広い楕円形の顔，いくらか吊り上った大きな目，こめかみに向けて垂れ下がる眉，まっすぐな鼻，小さな口，大きなあごなど，民族的タイプの特徴が強調されてい

ウズベキスタン仏教考古学と仏教的遺産　7

フリーズ発見の様子　アイルタム

塑像断片
石灰岩
アイルタム
2世紀

塑像台座部拡大
（バクトリア語）
アイルタム

た。人物はみな晴れ着を着ており，頭を豪華に飾り，贅沢な装飾品を身に付けていた。また顔には表情がなく，静止ポーズをとり忘我の状態で，年齢も個人的な特徴も示されていない。アカンサスの葉の表現には造形上の一般化がみられる。おそらくこのような表現法は，バクトリア住民の芸術的好みを暗示しているが，それにしてもここで描かれた諸形象は表現力豊かである。

　研究者たちの見解によれば，アイルタムのフリーズには「大般涅槃経」に結びついた場面が再現されているという。インドの神話によれば5個の偉大な楽器の音は，天上のハーモニーによって涅槃に入った仏陀の耳を楽しませねばならず，供養者の女性たちは仏陀の最期の旅路に香ばしい花を敷きつめるべく招かれた。アイルタムのフリーズにおいて，以上述べた神話的テーマが現地住民の姿で表現されているが，これはさぞや住民にその理解を容易にしたことであろう。またアイルタムのフリーズにはガンダーラ美術との類似がみられるが，これはガンダーラ派をクシャン帝国全土に広まった優れた歴史的文化的現象とする学者たちの考えを裏付けている。

テルメズ
──クシャン領バクトリアの重要な仏教的中心

　ウズベキスタン南部における考古学的発見からみて，クシャン領バクトリアの重要で大規模な仏教的中心の一つはタルミタ＝テルメズであった。この都市はアムダリヤ（オクサス川）のもっとも重要な渡河点という地理的位置によって，短期間の間にバクトリア最大の都市的中心の一つに変化した。東西南北を結ぶシルクロードの商路がここで交差した。テルメズは精神的文化的相互交流の重要なセンターとなり，土着の文化とギリシア＝ローマ世界，インド，遊牧民の文化の共生を示す建築，彫刻，絵画，テラコッタ，宝石加工が，ここで高い水準に達した。この都市の住民の知的生活の十分な発展，識字率の高さを示すのは，ここで発見される多数のバクトリア文字，カロシュティー文字，ブラーフミー文字，不明の文字の銘文である。クシャン帝

国の寛容さの伝統に従って，この都市の住民はゾロアスター教，仏教，マニ教，その他の宗教を信仰した。

カラテパの発見とその役割

　クシャン時代に，タルミタ＝テルメズはバクトリアの仏教と仏教美術の中心としての役割が特に高まった。このことは30以上を数える仏教の大小の寺院や僧院の考古学的遺跡の発見によって知られる。

　現在までに10の洞窟＝地上式コンプレクスと僧院のモニュメンタルな建物が発見されたカラテパは，そのなかで特別な位置を占めている。ここで発見された物質的および精神的，そして美術的遺品は，テルメズ，バクトリア，中央アジアの仏教史にとって大きな意義をもっただけでなく，全世界的な仏教文化にたいする大きな貢献でもあった。それは仏教が中央アジア南部に流伝した時期を具体的に示し，ローカルな土壌における仏教発展の特殊性を明らかにし，バクトリアと，隣接地域の仏教美術の中心，とりわけガンダーラ派との文化的接触を跡づけることを可能にした。これらの発見物は中国の西部と東部地域へのその後の仏教流伝におけるテルメズの役割と位置を具体化するうえでも役立った。

　カラテパの南丘と北丘で調査された洞窟＝地上式コンプレクスの，建築プラン的構造の分析は，現地の建築的伝統が仏教の宗教的建築の思想的要求にこたえるようになったのは暫次的であったことを示している。その全体のプラン的構造は，グハ型の古典的僧院［窟院］に類似している。そこでは僧房と儀礼用の部屋及び集会用の広間の存在が前提とされた。したがってカラテパの洞窟＝地上式コンプレクスは2，3人の僧が儀礼をする小さな僧院のタイプだとすることができる。

　カラテパ北丘の僧院コンプレクスは，規模からみて，クシャン領バクトリア最大級の仏教建造物であった。この僧院の支配的中心は，その北側に位置し，基本方位に厳密に建てられたモニュメンタルなストゥーパであった。こ

カラテパ（ドローンによる撮影：立正大学）

のストゥーパはそれが存在した期間を通じて，数度にわたって修復と改築がなされた。

　ストゥーパの西面は大理石に似た石灰岩のフリーズで飾られたが，その残存物は基壇の西側に散らばっていた。このフリーズは，発見物から判断すると，仏陀の生涯を示すシーンや天部および世俗の人物像を多数描いた浅浮彫で飾られていた。

　建築コンプレクスの僧院部分は大ストゥーパの南側に位置していた。その

カラテパ西丘石窟

　建築上の中核をなすのは四辺をポルティコ，つまりイーワーンでめぐらされた大規模な方形の中庭であった。残存している柱礎は大理石に似た石灰岩を削って作られ，規模が大きく，往時の壮大さを偲ばせている。中庭は四方から高い丸天井の回廊によって囲まれ，回廊は，中庭に接する壁に作られた出入口によって中庭と結ばれていた。北側と東側の回廊に沿って，丸天井をもつほぼ方形の小さな僧房が連続的に配置された。コンプレクスの僧院部分の内装はたいへん簡素で，壁は粘土の上からうすくガンチ［石膏と粘土を含む鉱物を焼成することで得られる塗壁，立体造形装飾，彫刻のための材料］を塗っただけであった。壁から天井への移行部はレリーフのあるコーニスで飾られた。壁が赤色オーカー［酸化鉄を含む赤色顔料］で塗られていることも稀ではなかった。

　カラテパの発掘調査の過程で，クシャン時代バクトリアの美術の独自性を示す多様な内容の遺物が発見された。そのなかで構造的あるいは装飾的役割を果たすさまざまな建築上のディテールは特別な位置を占めている。同時

カラテパ北丘僧院

に，構図のなかには，例えば人間態的，多形性的，動物態的性格の形象のような，バクトリアを含む古代オリエントの美術的伝統に固有であり，ヘレニズム的建築美術にとっては特徴的でない諸要素が存在している。ここに，クシャン＝バクトリア美術流派の独自性がある。すなわち，ヘレニズム的およびガンダーラ＝仏教的伝統は，現地住民の美的，精神的欲求を考慮して，現地的基盤の上でつくりなおされた。しかしこのことは，バクトリア美術流派が，外国の文化的伝統を創造的に摂取した結果だけで形成されたことを意味するわけではない。バクトリアの彫刻家は全体の建築的構図を見事にまとめ上げており，あれこれの文化的伝統の文脈における各要素の解釈をしてしまうと，美術的全一性および有機的統一を損なう虞があるほどである。テルメズの彫刻家＝石工の高度な職人芸は，カラテパで発見されたきわめて高い美術的価値を示す石の浅浮彫のなかにとりわけ明らかに現われている。ここには仏陀，苦行者，僧，供養者，伝説上の鳥類，獣類を含む仏教的パンテオンのさまざまな登場者の像がみられる。これらの像はみな独自的でユニークである。これらすべての像はガンダーラ仏教美術のなかに類似物がみられる

カラテパ北丘僧院回廊

が，同時に独自の美術的作風をそなえている。

　これらの浅浮彫を彫った古代の彫刻家たちは仏教的図像学［イコノグラフィ］と現地の建築装飾の伝統をよく知っていた。このことは現地の白い石灰岩のもつ可塑的特徴を熟知した石材加工の技法によく表現されている。石灰岩からさまざまな彫刻と建築装飾を彫り出した。これによって石にユニークな美術的形象を再現し，登場者，とりわけ世俗的人物の特徴をわずかなディテールで強調することができた。登場者たちはみな個別的に，さまざまな角度と動きで表現されている。彫刻家たちは石材を使って，登場者の民族的特徴，その衣服，装身具，髪形を表現することができた。われわれはここに，天部像の表現における既成の厳しいカノンにとらわれない芸術家たちの創造的探求を見るのである。

　カラテパの仏教建造物の装飾において大きな位置を占めていたのは，通常，特別に作られた龕内に安置された粘土＝ガンチの仏像である。ふつう禅

仏陀像［柱頭装飾断片］　石灰岩／カラテパ／3世紀

定印＝瞑想の姿勢をとっている。粘土＝ガンチの彫刻家は造形芸術のバクトリア的伝統に従いながら，彫刻制作技術のレベルをさらに高めた。彼らは制作時に様々な型抜きされたディテールを広く利用しはじめた。カラテパでは仏陀の彫像のほかに菩薩と供養者の像が発見された。彼らの姿は，石像においてと同様に写実的で力動感に満ちており，たいへん表情豊かである。

　カラテパの仏教建造物の室内装飾においては壁画が特別な位置を占めており，なかでも南丘で発見されたテーマ的多色画の断片はとりわけ興味深い。樹下を行進する仏陀と僧の像の上半分が残されていた。絵の全体的構図の創出に，画家の高度な専門的手腕を見て取れる。ここには遠近法を示そうとする画家の意欲が感ぜられる。中心にいる仏陀像は大きく，中心から離れる程度にしたがって，僧の像は小さくなっている。

　とても興味深いのは，使用された鮮やかな絵具の幅広い色調をもつ，テーマ的多色壁画である。それは，僧院コンプレクスの大ストゥーパの南側にあった，小室中央のストゥーパの基壇の正面の壁を飾った。その中心となる

天部像　石灰岩／カラテパ／3世紀

像は梯形龕内の仏陀の全身立像であり，その両側から手に花環を持つ2人ずつの供養者が仏陀の方へ進んでいる。

　仏教的コンプレクスの内装が，単色または多色の装飾的壁画で装飾されていることは珍しくない。カラテパおよびバクトリアの他の遺跡の壁画と，ガンダーラの壁画を比較すると，制作の技術と絵具の色調においてバクトリアの絵の方がレベルが高い。とりわけ初期クシャン時代のインドの絵画的伝統にとって立体性を表現するモデリングの使用は特徴的でなかったが，バクトリアでは，この手法が広範に広まっていた。

　タルミタ＝テルメズの仏教教団の歴史と仏教的制度の性格の復元にとって，カラテパとファヤズテパで発見された銘文は重要な意義をもっている。その圧倒的多数は土器，主として釜と水差しの器壁に墨で書かれたものである。カロシュティー文字，ブラーフミー文字およびバクトリア文字（時折，トリリンガル）で書かれた銘文をもつ総数300点にのぼる土器片が発見されている。これらの銘文には仏僧の名前（ジャワナンダ，ブッダシラ，サングハミ

仏陀と僧　壁画／カラテパ／2-4世紀

ルタ）およびタルミトの俗人中の寄進者の名前が書かれている。ここで僧ブッダシラの名がかなりの頻度で見られることが特徴的で，彼は非常に高い位の神学者＝法に通暁した人と呼ばれている。これらの銘文は僧の民族的出自をも示しており，ブッダシラとジャワナンダの名前から判断すると，僧のいくらかはインド人で，サングハミルタはおそらくバクトリア人であった。カラテパの仏教教団はマハーサンギカ部［大衆部］に属した。カロシュティー文字の銘文でのみ，この部について言及される。この地でのブラーフミー文字銘文の出現はおそらく，マハーサンギカ部［大衆部］からサルバースティバーディン部［説一切有部］への交代に関連している。

　出土品のなかには，カラテパを拠点にした仏教教団の生活様式の特徴を示す多数の土器がある。土器の種類は多くなく，これは教団員の生活様式の特徴と関連している。これは主に，飲食用の器であった。すなわち，小さな水差し，釜，碗，食卓用の鉢，灯明皿である。

　カラテパの仏教的中心の年代はコインの発見で定められる。最も古いものはソテル・メガス（ヴィマ・タクト）の「王中の王，偉大な救済者」という銘

18

供養者像　粘土＝ガンチ／カラテパ／2-4世紀

文があるコインである。ヴィマ・カドフィセスのコインは今のところ1枚しか見つかっていない。ここではるかに多く見つかるのは，彼に続くクシャン王カニシカとヴァースデーヴァのコインである。カラテパの仏教的中心の全盛期はこれらのコインの流通時期と結びついている。ヴァースデーヴァ2世とカニシカ3世のコインおよびそれらの模倣貨もここで大量に見つかる。

　コインの発見と層序学的データに基づいて，カラテパの最初の仏教礼拝用建造物は紀元1世紀後半より早くに建てられはじめたと考えることができる。このセンターで仏教的建造物が大量に建設され，全盛期を迎えたのはクシャン王カニシカ，フヴィシカ，ヴァースデーヴァの治世であった。

ファヤズテパ
──もう一つのモニュメンタルな仏教建造物

　テルメズにおけるもう一つのモニュメンタルな仏教建造物はファヤズテパである。これはカラテパの北方，テルメズの都市防壁の外側にある。この遺跡の建築プラン的構造の全般的分析からは，この建造物が統一的な計画のもとに建設されたことが確かめられる。その設計のためにはおそらく，優れた建築家たちが招かれたであろう。建築家と仏教教団の構想では，僧院は3つのセクションから成るひとつの建物でなければならなかった。各セクションの果たす機能は，すでに設計の段階から定められた。建物の全長は117m，幅34mであった。

　僧院のプランはバクトリアに特徴的なものであり，中庭と，その四辺に配置された部屋およびイーワーンから構成された。建物の中央部分の北側，壁の外側に大ストゥーパがあった。壁の下部は，高さ約50cmほどのパフサ［切り藁または草を切ったものを混ぜた粘土ブロック］で積まれ，上部は正方形の日干しレンガで積まれた。部屋は丸天井と梁をもつ平屋根で覆われた。

　僧院の中核は方形の中庭とその周囲に配された20の部屋であった。部屋は，アッティカ型の古典古代的礎石に立つ木柱列を伴う回廊をめぐらした

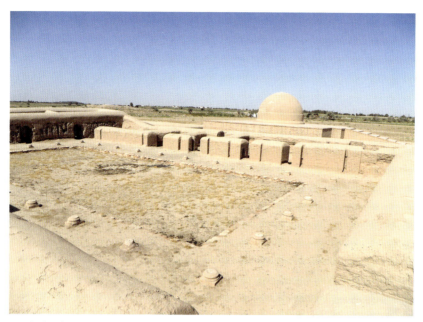

ファヤズテパ

イーワーンに出るようになっていた。イーワーンの壁は壁画で飾られたが，なかでも見事なものは，正方形のプランをもつ礼拝室（6×6.1m）への入口が面した南西壁の中央部にあった。礼拝室の壁は，黒色に塗られていた南西壁を除いて，テーマ的多色壁画で覆われた。礼拝室の南東壁には白い円の上に立つ2体の仏像があり，これと並んで供養者らしい3人の女性像が見える。北西壁には9人の男性像があり，その下部だけが残っている。専門家の見解によれば，この構図の中央にクシャン王カニシカの像があったはずという。

　この礼拝室の内部装飾にも粘土＝ガンチの仏像と菩薩像があった。礼拝室の「心臓」は言うまでもなく，聖なる菩提樹の下に坐す，白い石灰岩の一枚石から彫塑された金箔高浮彫の仏坐像である。その両側にはまなざしを「大師」に向けたふたりの僧の立像がある。全構図は，コリント式柱頭の片蓋柱に支えられた竜骨状のアーチに覆われている。仏坐像の手は瞑想の禅定印である。この三尊仏の作者である彫刻家の高度な職業意識は全体の構図の表現

ウズベキスタン仏教考古学と仏教的遺産　21

ファヤズテパのストゥーパ［保護用のドーム］

三尊（釈迦如来座像）　石灰岩／ファヤズテパ／1-2世紀

にも，制作技法のディテールにも表れているが，特に，平静と精神的明晰に
満ちた仏陀の古典古代的相貌に良く表れている。唇にはほのかな微笑をたた
え，耳たぶは垂れ，髪は頭頂に束ねられて紐で結ばれ，眉間には白毫があ
る。天部の体には大衣＝僧伽梨がかかっている。ファヤズテパ出土のこの高
浮彫は図像学的に見てインドの仏教造形芸術において直接的な類似がみられ
ない。このことは，この彫像が，ガンダーラ派の仏像彫刻の伝統をよく知っ
ているバクトリアの，おそらくはタルミタ＝テルメズの彫刻家の作品である
と考える根拠を与える。

　この仏陀と僧の石製レリーフは，かつては礼拝室の南西壁の中央部に作ら
れた，あまり高くない台座上に安置されていた。南西壁が，残りの三方の壁
とは違って黒く塗られていたのは，これによって説明できるであろう。古代
の室内デザイナーは，中央に仏陀が坐した白い彫刻の構図と，それと著しく
対照的な黒い背景との組み合わせから得られる視覚効果を良く自覚してい
た。彫像は礼拝室に入ってくる参拝者の視線が直ちに神秘的な「大師」の顔
に注がれるように南壁に安置された。それによって，宗教的共同参加の感覚
が強められた。

ズルマラ
——テルメズのストゥーパ

　テルメズの仏教建造物のなかで，古テルメズの東方にあるズルマラのス
トゥーパも興味深い。直径 14.5m，高さ 13m の円筒状の遺跡の壮大さに，
まず目を奪われる。このストゥーパは大規格の正方形のレンガによって積ま
れている。その上部では，球形の上端への移行部で，レンガ積みの丸くなっ
ているのがよく見てとれる。ストゥーパの基礎付近で考古学者によってなさ
れた調査の結果，ズルマラの円筒形の塔の胴部は，高さ 1.4m で各辺が 16×
22m の方形基壇上に立っていることが明らかにされた。基壇も同様に正方
形の日干しレンガで積まれ，正確に東西南北に面している。他の建造物との

ズルマラ

　類推によって，ストゥーパの円筒形胴部に至る階段は基壇の東側正面の中央部につくられたと考えられる。多数の石灰岩ブロックと，建築装飾やレリーフの発見は，ズルマラのストゥーパにレリーフをもつ石製外装があったことを示している。

ダルヴェルジンテパ
——クシャン時代の仏教的中心

　クシャン時代に非常に重要な仏教的中心であったのは，今のシュルチ市の北東10km，スルハンダリヤの右岸にある都城址，ダルヴェルジンテパである。この都城址では都市外の礼拝堂と都市内中心部の僧院の二つの仏教遺跡が見つかった。

都市外の仏教礼拝堂の年代は，我が国の研究者によれば，紀元1～3世紀初頭に属する。この礼拝堂は中央にストゥーパがある方形（8×7～7.7m）のプランをもっていた。その北西南の三方は廊下型の細長い方形の部屋に囲まれ，仮に礼拝堂，「王の間」，召使の部屋と名付けられた。中央建物の南西と北西にも一部残存する部屋群が接していた。

礼拝堂の発掘において，大きな仏像とそれを囲む仏教パンテオンの仏陀の守護神＝天部からなるガンチの彫刻群が発見された。「王の間」の装飾にも類似する性格の彫像が用いられた。そこには仏像や僧の彫像のほかに，支配者とその側近の像があった。礼拝堂の彫像は彩色されたが，壁に接する像の裏面は手が加えられていなかった。彫像の製造技術としては，最初に木芯と粘土の半製品が準備された。木芯には次に粘土が塗られ，その上にガンチが何層か塗られた。そこに人物の姿や顔が形作られ，衣服のディテールが刻まれた。像は赤色，バラ色，空色などに彩色された。研究者によれば，この技法はおそらくバクトリア起源である。なぜなら，バクトリアの他のいくつかの遺跡でも記録されているからである。

最も興味深い出土品は，表情豊かな高貴な顔立ちの「クシャン朝王子像」で，頭に丈の高い円錐形の，表面におそらくは黄金の飾板を縫いつけた被り物を乗せていた。アイルタムのフリーズの楽人像，ファヤズテパの三尊仏とともに，この王子像はガンダーラ美術の伝統において製作された，彫刻のバクトリア流派の秀品に属する。またハラート［長衣］にクシャク［帯］を締めた寄進者らしいひげの人物像，さらには天部のいくつもの頭部も興味深い。

都市内の寺院＝僧院では中央広間全体と他の部屋の一部が発掘された。その年代は紀元2世紀末から3世紀前半の範囲内である。紀元3～4世紀，さらには紀元6～7世紀という他の時代枠もありうるのであるが。発掘ではかなりの量の粘土＝石膏の彫刻が見つかったが，その制作技術と材料の成分は，礼拝堂の場合とは少し異なっていた。彫像の大部分は粘土でつくられ，上から石膏の層が塗られた。衣服の多くのディテール，装飾品，髪形の巻き毛も石膏から造形された。ここで発見されたモニュメンタルな彫刻のなかに

は，等身大の仏陀像や菩薩像があった。城壁外の礼拝堂で発見されたひげの貴人の頭部像に似た世俗の人物も，稀に見つかる。ここの考古学的遺跡で発見された彫刻の創造的特性は，世俗の人物や天部など仏教の二次的形象に現れたが，仏陀や菩薩の像はきびしく規範的で，仏教がバクトリアに出現する前にガンダーラ美術で形成された原則に従っている。

仏教伝播のルートとソグド人

　ウズベキスタン南部の仏教遺跡の発見と研究に照らして，紀元1世紀にはすでに現地の仏教徒の中から多くの学者が現れたと考える根拠がある。彼らは完璧に新しい教えのすべての戒律に通じ，隣接の文化史的地域および中国へ布教するための基盤を作った。バクトリアはしだいに仏教をマルギアナおよび，おそらくはソグドへ伝えるうえでの中心となった。

　仏教の中国への伝播路は二つあったことが知られている。一つは，インドから直接カラコルム山脈を越える道であり，もう一つはバクトリアからアムダリヤ沿いに今の中国西部，さらには中国中央部へ至る道である。中国史料には，仏教の中国伝道の上で特筆すべき役割を果たした著名な多くの中央アジア出身の布教者，神学者＝僧の名前が残されている。彼らは仏典を中国語に訳し，ストゥーパや寺院を建設した。なかでもパルティア人の安世高，安玄，ソグド人の康巨，康孟詳，康僧会，バクトリア人の支婁迦識（ローカクシェーマ），支謙，竺法護（ダルマラクシャ）らが特に有名である。とりわけローカクシェーマは2世紀中頃洛陽に来た人で，中国における大乗の布教と大乗経典の移入に特別の役割を果たした。彼は仏典を中国語に翻訳した。中国で，これに劣らず有名な月氏の僧は紀元284年中国の首都長安に来たダルマラクシャである。彼は僧院を建設し，数十の仏典を中国語に訳した。

　中国における仏教の普及において，ソグド人の僧が大きな役割を果たしたが，しかしそれは出自がソグド人であることだけであった。彼らはインドと中国へ移住したソグド人商人とその子孫で，そこで仏教徒となった。特徴的

ウズベキスタン仏教考古学と仏教的遺産　27

仏陀像頭部［如来像頭部］　粘土＝ガンチ／ダルヴェルジンテパ／3世紀

クシャン朝王子像[王侯像頭部]　粘土＝ガンチ／ダルヴェルジンテパ／1-2世紀

ウズベキスタン仏教考古学と仏教的遺産　29

菩薩立像　粘土＝ガンチ／ダルヴェルジンテパ／3世紀

であるのは，彼らの活動が月氏の僧たちより少し後代の紀元3～4世紀であったことである。とりわけ，有名な康僧会はインドで生まれ，紀元247年に南中国，建業［現在の南京市付近］に移り，そこで仏教の学校を開いた。彼は仏教の僧院やストゥーパを建設し，仏典を中国語に訳したとされている。皇帝孫権は，彼の感化によって仏教徒になったと考えられている。ソグド出身で，これに劣らず有名な仏僧は4世紀に生きた康法邃である。彼は中国史上最初の仏典の書家，装丁家であった。中国史料には他にも多くのソグド出身の仏僧の名前が残っている。同時にここで，ソグド本土に仏教と確かに関係する遺跡はこれまで一つも知られていないことを指摘しておこう。

地域最大の仏教的中心としての ウズベキスタン南部

　以上のようにして，ウズベキスタン南部は古代のバクトリアと中央アジア全土を通じて最大の仏教中心であった。この地域で知られているすべてのクシャン時代の仏教遺跡は，その面積においても，また建築プラン的構造の多様性においても，テルメズの仏教建造物に及ばない。中央アジアの［他の］地では，カラテパで発見されたような地上＝洞窟式仏教的コンプレクスも，また，カラテパとファヤズテパの地上式僧院建築のような，仏教的性格の大建築物が20以上含まれ，構造において非常にモニュメンタルで複雑な仏教コンプレクスも，これまで知られていない。これらの考古学的遺跡は現在，中央アジアでもっともよく研究された仏教遺跡だと考えられている。ウズベキスタン南部の仏教遺跡で発見された美術品は古代バクトリアにおけるよく発達した独自的な美術と精神文化を示している。そこにはクシャン領バクトリアの仏教美術に特徴的な特性が表現されている。同時にそこには，ギリシア＝ローマ的およびガンダーラの仏教美術と共通するものも多い。ここで発見された美術品は一つ一つが独自的で，二つと無いものであり，ウズベキスタン南部に独自的な伝統と自身の流派のあったことを示している。あたらし

い発見物はクシャン領バクトリアの仏教美術に広まっている一連の形象についての観念を大きく広げ，その多面性と独自性をさらに強調した。これらの発見物は，正当に，世界の仏教美術において特別な位置を占めている。

クシャン帝国の崩壊と仏教教団

　クシャン帝国の崩壊と，紀元3世紀末から4世紀にかけてのバクトリア社会における社会経済的変化の過程は，この地域の都市の荒廃と面積の縮小をもたらした。この過程はウズベキスタン南部におけるクシャン都市の歴史においてもその痕跡を残した。都市の多くは衰退し消滅した。一部の都市は存続したが，その人口は大きく減少した。この過程の結果，ダルヴェルジンテパ，ザールテパ，アイルタムの仏教教団は消滅し，テルメズの仏教教団も困難な時期を迎えた。カラテパ，ファヤズテパ，チンギズテパの寺院や僧院もしだいに衰退した。教団の残留した信者たちは都市のツィタデリ［内城］の北西部に住みついた。現在までにここで7個の，砂の層を掘った洞窟タイプの僧房が調査され，ストゥーパ1基が発見された。時代とともに新しい土地での仏教教団の活動は拡大した。紀元630年テルメズに入った中国の僧玄奘は『大唐西域記』の中で伽藍は十余ヶ所，僧徒は千余人，多くのストゥーパと仏の尊像があると書いている。7世紀末，アラブによるトハリスタン征服の後，僧院は破壊され，僧房はチッラホナ［瞑想所］として利用された。

フェルガナ・クワの仏教遺跡

　［ウズベキスタンの］仏教遺跡はウズベキスタン南部のほかフェルガナ盆地でも知られている。ここでは今のところクワ都城址で7～8世紀の寺院コンプレクスが知られている。専門家によれば，クワの寺院の建設は紀元1000年紀の中頃成立した仏教の新流派，ヴァジラヤーナ［金剛乗］と結び

ついている。クワの仏教寺院は，門前のいくつかの部屋をともなう大きな方形の中庭と礼拝室からなっている。クワの寺院の特徴は礼拝室が二つ並んでいることである。

　寺院は仏教的神話の様々な彫像で豊かに装飾された。創造者を象徴するマヘーシュバラ［大自在天］，諸仏の堅固さを体現するヴァジュラパーニ［執金剛神］，仏陀自身，ヴァジュラハリ，恐れを起こさせるデモンの姿でふつう表現されているディクとダク。クワの寺院の彫刻は，バクトリア＝トハリスタンで広まっていた粘土＝ガンチを用いた彫刻技法によっている。同時にそこにはいくつかの異なった特徴も見られる。とりわけ黒や白の石を眼球としてはめ込んでいることである。この技法は新疆の彫刻流派にみられる。相違点は，図像学［イコノグラフィ］と，彫刻の一部を青色に塗ることに認められるが，特に特徴的なのは，一部の像の恐ろしい頭の外見である。同時に，クワの彫刻の上記の特徴と初期中世のホータンの仏教的主題との間の類似が指摘される。これに基づいて，クワにおける仏教寺院の出現は，フェルガナとホータンの密接な関係によるものであり，ホータン出身者によって建てられ，装飾された可能性を考えることができる。

ウズベキスタン美術史における
仏教美術の貢献

　ウズベキスタンの地における多数の仏教遺跡の発見と研究は，この地域での文化的および精神的生活において，この宗教がかなり大きな役割を果たしたことを示している。仏教美術の普及はウズベキスタン美術史への大きな貢献であった。これは我が国の歴史において輝かしい時期の一つである。これは，この恵まれた土地では，いつの世も，異なった宗教の信徒とその美術的表現が平和的に共存したことを雄弁に物語っている。仏教と仏教美術の出現，普及とともに，ウズベキスタンの地は，中国とインドの文明を結ぶ大陸横断の交流に密接に引きこまれたのであった。

フリーズ（建築装飾）
石灰岩
アイルタム
1-2世紀

ウズベキスタン仏教考古学と仏教的遺産　35

仏陀と僧　石灰岩／チンギズテパ／2-3世紀

柱頭　石灰岩／古テルメズ／2-3世紀

ウズベキスタン仏教考古学と仏教的遺産　37

コーニス　石灰岩／古テルメズ／2-3世紀

エンタブラチュア　石灰岩／古テルメズ／2-3世紀

建築装飾
石灰岩
古テルメズ
2-3世紀

仏陀と崇拝者
[仏伝浮き彫り]
石灰岩
古テルメズ
3世紀

ウズベキスタン仏教考古学と仏教的遺産　39

仏陀像　土製品／アックルガン／4世紀

苦行者像頭部　石灰岩／カラテパ／3世紀

ウズベキスタン仏教考古学と仏教的遺産　41

菩薩像　石灰岩／カラテパ／3世紀

42

ヴァジラパーニ　石灰岩／カラテパ／3世紀

ウズベキスタン仏教考古学と仏教的遺産 43

女性像頭部
［天部像］
石灰岩
カラテパ
3世紀

女性像頭部
［女神像頭部］
石灰岩
カラテパ
3世紀

馬の頭部
石灰岩
カラテパ
2-3 世紀

象の浮き彫りのフリーズ
［「托胎霊夢」浮彫断片］
石灰岩
カラテパ
2-3 世紀

竜頭部
石灰岩
カラテパ
3 世紀

ウズベキスタン仏教考古学と仏教的遺産　45

ガルーダ　石灰岩／カラテパ

柱頭　石灰岩／カラテパ／2-3 世紀

建築装飾　石灰岩／カラテパ／3-4 世紀

ウズベキスタン仏教考古学と仏教的遺産　47

ハルミカ　石灰岩／カラテパ／3-4 世紀

48

女性像頭部
粘土=ガンチ
カラテパ
2-3世紀

男性像頭部
粘土=ガンチ
カラテパ
3-4世紀

ウズベキスタン仏教考古学と仏教的遺産　49

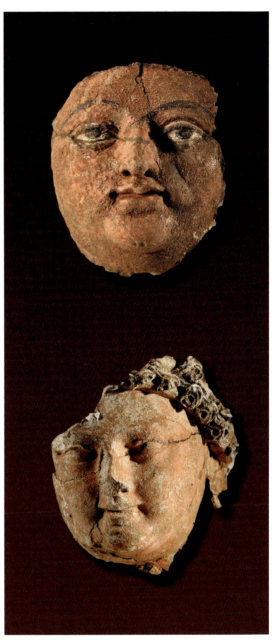

男性頭部
粘土＝ガンチ
カラテパ
3-4世紀

女性像頭部
粘土＝ガンチ
カラテパ
3世紀

仏陀像頭部　粘土＝ガンチ／カラテパ／3世紀

ウズベキスタン仏教考古学と仏教的遺産　51

仏陀像頭部［前ページと同一品を右から撮影］

菩薩像　粘土＝ガンチ／カラテパ／3世紀

ウズベキスタン仏教考古学と仏教的遺産　53

仏陀像頭部の型　ガンチ／カラテパ／4世紀

仏陀像頭部の型　カラテパ／4世紀

供養者像 粘土=ガンチ／カラテパ／2-4世紀

ウズベキスタン仏教考古学と仏教的遺産　55

装飾具の鋳型　ガンチ／カラテパ／3-4世紀

墨書土器，鉢　陶製品／カラテパ／3世紀

56

墨書土器　陶製品／カラテパ／3-4世紀

墨書土器　陶製品／カラテパ／3-4世紀

ウズベキスタン仏教考古学と仏教的遺産　57

蓮華紋付き容器蓋
陶製品
カラテパ

水差し
陶製品
カラテパ
4世紀

仏陀像［17頁の壁画の部分拡大］　壁画／カラテパ／2-4世紀

ウズベキスタン仏教考古学と仏教的遺産　59

ストゥーパの蓮華装飾　カラテパ／2-3世紀

塑像の足　カラテパ

貯水槽 石灰岩／ファヤズテパ／1-2 世紀

ウズベキスタン仏教考古学と仏教的遺産　61

蓮華文の鉢　石灰岩？／ファヤズテパ

鉢の銘文　石灰岩？／ファヤズテパ

太陽神
雪花石膏
ファヤズテパ
1-2世紀

菩薩頭部
粘土＝ガンチ
ファヤズテパ

ウズベキスタン仏教考古学と仏教的遺産　63

菩薩像
[如来像]
粘土＝ガンチ
ファヤズテパ
1-2世紀

男性頭部・アレクサンドロス大王
[供養者像]
壁画
ファヤズテパ
1-2世紀

ウズベキスタン仏教考古学と仏教的遺産　65

壁画断片　壁画／ファヤズテパ／1-2 世紀

ウズベキスタン仏教考古学と仏教的遺産　67

男性像［供養者像］　壁画／ファヤズテパ／1-2世紀

ウズベキスタン仏教考古学と仏教的遺産　69

仏陀像　壁画／ファヤズテパ／2-4世紀

70

仏陀像　壁画／ファヤズテパ／1-2 世紀

ウズベキスタン仏教考古学と仏教的遺産　71

神像頭部　壁画／ファヤズテパ／1-2世紀

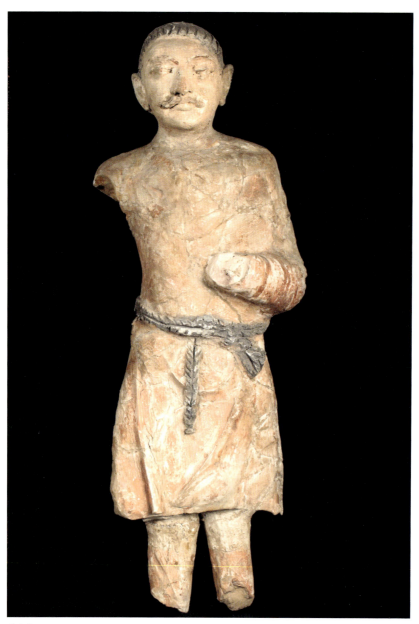

貴人像　粘土＝ガンチ／ダルヴェルジンテパ／1-2世紀

ウズベキスタン仏教考古学と仏教的遺産　73

天部像頭部
粘土＝ガンチ
ダルヴェルジンテパ
1-2 世紀

女神像頭部
［泥製］
ダルヴェルジンテパ
1-2 世紀

仏陀像の手
粘土＝ガンチ
ダルヴェルジンテパ
2-3世紀

塑像断片
粘土＝ガンチ
ダルヴェルジンテパ
2-3世紀初め

ウズベキスタン仏教考古学と仏教的遺産　75

塑像　粘土=ガンチ／ダルヴェルジンテパ／3-4世紀

仏陀像　粘土＝ガンチ／ダルヴェルジンテパ／3世紀

ウズベキスタン仏教考古学と仏教的遺産　77

菩薩像　粘土＝ガンチ／ダルヴェルジンテパ／3世紀

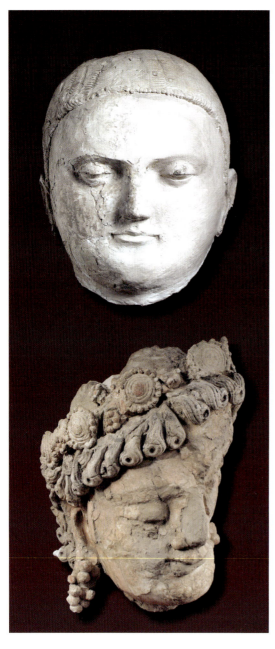

仏陀像頭部
粘土＝ガンチ
ダルヴェルジンテパ
3世紀

塑像頭部
粘土＝ガンチ
ダルヴェルジンテパ

ウズベキスタン仏教考古学と仏教的遺産 79

菩薩胸部　粘土＝ガンチ／ダルヴェルジンテパ／3世紀

ネックレス　ダルヴェルジンテパ／1世紀

ウズベキスタン仏教考古学と仏教的遺産　81

胸飾り　ダルヴェルジンテパ／1世紀

帯金具　ダルヴェルジンテパ／1世紀

カラテパ仏教寺院出土の壁画

ショキルジョン・ピダエフ 著
今村栄一 訳

84

カラテパ出土の壁画（1）

テルメズ市は，アムダリヤ川（古代ギリシア語名称でオクサス川）の戦略的に重要な渡河地点にあり，その恵まれた立地のために，古代と中世の国家的諸形成体の構造の中で特別な位置を占めていた。ここは南北と東西の交易路が交差する地点でもあり，こうした要因から，テルメズは古来より非常に緊密な諸民族文化の相互作用の影響下に引き込まれてきた。最新の考古学調査結果や，文献史料の情報に照らしてみると，この都市が特に繁栄を謳歌したのは，グレコ・バクトリア諸王の時代（紀元前3～2世紀），クシャン朝期（紀元1～4世紀），中世（10～13世紀初頭）であった。これらの時期，テルメズはバクトリア・トハリスタンの政治，経済，文化，宗教の一大中心であった。

テルメズ市の偉大な歴史的過去は，毎年，古テルメズ都城址のいくつもの地点で実施される考古学調査の結果として得られる様々な出土品によって再確認されている。出土品はその性格からして一つ一つ異なるものであるが，そのなかでとりわけ注目に値するのは，芸術品である。それらの多くはユニークなもので，すぐれた学術的，文化的価値をもつ。それらは，様々な時期のテルメズ住民の芸術水準に関する我々の理解を補うだけでなく，中央アジア芸術史，特に，バクトリア・トハリスタンのそれの新しいページを開くものである。2016年のこのようなユニークな出土品として誇張なく数え上げることができるのは，主題を持つ多色壁画である。それは，ウズベキスタン共和国科学アカデミー芸術学研究所テルメズ考古学調査隊が，カラテパのモニュメンタルな地上式僧院コンプレクスで新たに発見したものである。

カラテパの地上式僧院コンプレクスは遺跡の北丘に位置している。1998年からここで恒常的に考古学作業が行われ，その結果，コンプレクスの東半は完全に調査された。この区画は，北側に配置されたモニュメンタルな仏塔と，南側にある，回廊を伴う中庭と僧坊から構成されている。僧院コンプレクスは，より早い時代の仏教施設があった場所に建設されたことが調査から明らかになっている。建築設計上の構造や建設時に採用された工夫を分析すると，テルメズの建築家によって，当時最先端の建築構造・手法，特にドーム形の屋根構造が採用されたことが分かる。得られた出土品から判断すると，僧院のモニュメンタルな仏塔の基壇の西面は，仏陀の前生の物語

「ジャータカ」を描いた石のレリーフで豪華に装飾されていた。レリーフの反対側にある壁龕の中には，ブッダと供養者の粘土＝ガンチの彫像が据えられていた。これらの出土品は，テルメズとクシャン領バクトリアの，高度であると同時に独自の芸術を代表している。

2016年，僧院コンプレクス西半の建築設計上の構造の解明のために考古学調査が続けられた。発掘の過程で，部屋のひとつで主題を持つ多色壁画が発見された。確かに，まだ部屋の一部のみを開削することができただけであるが，調査された区画から判断すると，これは$25m^2$以上の面積の広間であった。絵画は，その東側，南側の壁を覆っており，高さ2.5m以上のところに絵画が残っていた。残念ながら，絵画のいくつかの部分は白蟻や齧歯類の巣穴で損なわれていた。その結果，描写の個々のディテールや，いくらかの像について，それが何を表しているかを正確に確認することができない。にもかかわらず，既知の中央アジアの古代壁画と比べれば，カラテパ出土の壁画はかなり良好な保存状態だとみなすことができる。

新発見のユニークさは，その比較的良好な保存状態，それが構図全体を残していること，その芸術的価値にある。カラテパ出土の壁画は以前にも知られていたが，断片的なものであった。仏陀と修道僧を描写した，南丘の洞窟＝地上式コンプレクス《Б》出土の絵画の小片のみが比較的良好な保存状態であった。僧院コンプレクスの第11室の，仏塔の基壇の四面の壁も絵画で装飾されていた。ここには，修道僧を伴った仏陀のシルエット，および信徒を伴った仏陀のシルエットが描かれた。残念ながら，その保存状態は良いとはいえない。

カラテパの地上式僧院コンプレクスのモニュメンタルな絵画の新しい実例の発見は，古代バクトリアだけでなく，中央アジア全体の仏教芸術史の新しいページを開いた。これは，この地域で初めての，良好に保存されたモニュメンタルな主題を持つ多色絵画である。広間の調査区における壁画の配置を分析すると，広間を装飾した画家が，当時の最良の職人のひとりであったことがわかる。このような結論を導き出すものとして，何よりもまず，画家が採用した絵画構図の配置，広間の設計と内装の特徴が挙げられる。広間の壁

カラテパ出土の壁画（2）

は3段に分割された。下段は暗紅色のオーカーが塗られた。立っている鑑賞者の頭の高さに配置され，四角形の「額」に分割された第2段，第3段は，主題を持つ壁画で埋められた。このことで視覚効果が高められた。鑑賞者の前の壁には，主題を持つ構図が広がった。段は個別の「額」に分割され，そのために鑑賞者は絵画に込められた主題に集中することができた。このことは絵の理解を助けた。

　東壁の，隣の空間への通路のそばで見つかった「額」のひとつには，バラ色の地に4つの人物像から成る，主題を持つ構図が描かれた。構図の主人公は「額」の左半分に描かれた人物像である。それは，正面を向き，背もたれのある長椅子に座っている像として描写された。残念ながら，人物像の顔は

カラテパ出土の壁画（3）

失われた。紐を巻きつけられた頭の上部のみが残った。紐の先端は，額の左側で小さな留め金でとめられた。この人物の頭上に傘が描かれた。その左には横向きの若者像が描かれた。際立って優雅な顔立ちをした彼の顔は，主人公に向けられている。若者は驚くべき写実主義をもって描かれた。若い顔の柔和さがかすかに見て取れる。若者の背後に，右に首をかしげた，さらに2人の人物が描かれた。すなわち，中年男性と女性である。女性像の左半分は修復作業中に失われた。全体として，この構図を，仏教芸術で人気のある主題「神と供養者」として解釈することができる。

壁画制作時に使用された絵具の色彩は我々を驚かせる。これは，バラ色から暗紅色まで様々な色合の赤色オーカーであり，また，黒色，空色，白色，茶色の絵具である。法則的な主題，ひとりひとり異なるふうに描かれた顔かたち，ハーフトーンの表現によって，芸術家があれこれの表象を再現した際，その高度な技量がこれらの絵具の配合中に現れた。

技法，様式，構図の性格も，芸術家の高い専門家的技量の例証となっている。職人は主題のテーマを考慮しながら，その場その場で，構図や色彩を上

カラテパ出土の壁画（4）

手に処理した．このことは，残った絵画を見れば一目瞭然である．各々の姿が独創的で，個別的で，唯一無二である．人物像は，動きや様々な回転のなかで表現された．同時にそれらすべては構図的に，一つの主題に有機的に従属した．特徴的であるのは，人物のひとりが首をかしげた姿で描写されたことである．これは，今のところ，首をかしげた姿が描写された中央アジアの絵画中で，保存状態のもっとも良い例である．

　ハーフトーンを利用して，芸術家は非常に巧みに，人物の肖像画に立体感を与えた．肖像画はおそらく俗人の写実主義的な描写であった．すべての人物は端正で崇高さに満ちた顔をしている．名人は人物の肖像画を緻密に描くことができただけでなく，あれこれの人物の心理的・感情的状態を明かすディテールの一つ一つを浮き立たせることができた．このことは，丹念に描かれた顔や目に，特にはっきり見て取ることができる．それらはまるで生きているかのようである．明白な例は，登場人物のひとりの中年男性の描写である．彼は首をかしげた姿で示された．顔は楕円である．頭には独特の頭飾

り。それは二重の紐で縛られ，その先端は額の左側で束ねられ，ピンで留め金に固定された。額は広く，鼻はまっすぐで，目は円い。上唇の上には独特の形のひげ。唇は固く結ばれ，顔にいくらかの集中を与えている。全体として顔は明確な疲れを表わしている。

　カラテパの描写の様式や作風は，芸術家がグレコ・バクトリア芸術の伝統を良く知っていたことを証明する。このことが特に現れるのは線描技法が使用されるときであり，この技法は様々な回転や，描写対象に豊かな表情を与える立体表現のなかで，人物を描写している。

　モニュメンタルな僧院コンプレクスの広間から新たに発見された壁画は，2〜3世紀のものと考えられている。絵画の上限年代が確認されるのは，出土貨幣によってである。特に，天井や壁の上部が崩落したためにできた堆積層の下で，カニシカ3世の貨幣の形式で鋳造された2枚の貨幣が発見された。通説では，これらの貨幣の流通年代は，3世紀後半とされている。

　特徴的なのは，四角形の「額」に分割された仏教壁画が中央アジア地域では知られていなかったことである。一方，この技法は東トルキスタンの壁画のあいだでかなり広く普及していた。しかしながら，それらはより後代のものとされている。このことは我々に次のように推測することを許す。東トルキスタンでは四角形の「額」に壁画を配置することが，バクトリアからの画家，特にシルクロードに沿って広まったテルメズ芸術派の画家の影響で発生した。シルクロードが交易路であっただけでなく，文化交流の進路であったことは広く知られるところである。それに沿って，商人以外に，手工業者，布教者，芸術家が移動した。中国の史書には多数の仏教の布教者の名前が残されており，そこにはバクトリア出身者もいた。彼らは仏教を中国に布教し，経典を中国語に翻訳し，寺院を建てた。

　カラテパの絵画はそれ自体が造形美術の傑作である。ウズベキスタンおよび中央アジアの芸術史に新たなページを開いた。同時にそれは，クシャン期バクトリア住民の顔かたち，服装，宝飾品芸術の再現のためにこの上なく貴重な資料である。これらの描写のおかげで，バクトリア人の外見についてのより現実的な理解を我々は得る。それらは，浮彫や彫刻や貨幣に描かれたバ

クトリア人の既知の姿を，著しく補うものである。登場人物の本当の外見を，よりはっきり再現することができる。カラテパの壁画に描写された人物たちの服装の分析から判断すると，彼らは豪華で，優雅で，趣味良く縫製された服を着ることを好んだようだ。

今後も，壁画が発見されたカラテパの広間のさらなる研究により，豊かで多様なクシャン期バクトリアの芸術についての我々の知識を補う，新たな実例や主題が明らかになると我々は期待して良いであろう。もちろん，その芸術は世界文明の文化史のなかでしかるべき位置を占めているものなのである。

砂に埋もれた仏教寺院の残影を追って
――あとがきにかえて

　本書は，ショキルジョン・ピダエフ氏の著作で2011年にタシケントのウ
ズベキスタン出版社から公刊された *Буддизм и буддийское наследие Древнего*
Узбекистана（露・ウズベク・英語併記）とウズベキスタン科学アカデミーの雑
誌 *Фан ва турмуш (Наука и жизнь Узбекистана)*（2016年3・4号）に掲載され
た同氏の論文 «Настенная живопись в буддийском храме на Каратепа»（露・ウ
ズベク語併記）の翻訳から構成された，ウズベキスタンの仏教遺跡およびそ
の遺物を紹介したものである。スルハンダリヤ地域の仏教遺跡は主に2～4
世紀，フェルガナ地域の仏教遺跡は7世紀頃のものとみられている。
　本書が誕生したきっかけは，2015年に故加藤九祚先生が，立正大学ウズベ
キスタン学術調査隊の隊長をつとめていた安田治樹氏（立正大学仏教学部教授）
に *Буддизм и буддийское наследие Древнего Узбекистана* の翻訳原稿をもって，
連名での公刊を打診したことにある。それはもともとピダエフ氏の希望でも
あり，加藤先生は自らで翻訳を準備しつつも，当時，ウズベキスタンでの発
掘活動に加わった立正隊との共同事業としての出版を提案したのである。一
方，安田は，ふんだんにカラー写真を用いた原書を，ウズベキスタンの仏教
遺跡のガイドブックとしては評価していたものの，内容としてはすでに加藤
先生がピダエフ氏とともに出版していた『ウズベキスタン考古学新発見』
（東方出版）などと比して新味がないとして難色を示した。なんといっても当
時の調査隊にはそうした出版費用の当ても編集作業の余裕も全くなかった。
そして2016年9月には加藤先生が不帰の人となってしまい，この提案はお

94

蔵入りになったように思われた。

　ところが2017年の11月に立正大学のウズベキスタンにおける学術調査活動が，文部科学省の私立大学研究ブランディング事業に採用され，風向きは変わった。ピダエフ氏との共同の仏教遺跡の調査や公刊物の刊行は，仏教系の大学である立正大学ならではの活動と位置づけることが可能である。また2016年の秋季の調査隊の活動の終了後，しばらく発掘を継続したウズベク側の調査によって注目すべき壁画が発見されたことも，ウズベキスタンの仏教遺跡をあらためて日本で紹介する意義づけを容易にした。またそれは加藤先生の導きに報いることにも思われた。

　まず2018年2月に加藤先生の奥様に翻訳原稿を出版に利用することの了解を得て，本書の企画が再開された。また，ウズベキスタン在住でロシア語に堪能な今村栄一氏が，本学の活動に興味をもち，積極的に関わってくださりつつあったことも幸いであった。渡りに舟とばかりに今村氏に，加藤先生による底稿の確認をお願いし，同時にピダエフ先生から2016年に新発見された壁画に関する報告を翻訳する許可をいただき，その翻訳も今村氏にお願いした。また出版に際しては六一書房の八木社長からアドバイスをいただき，原書の出版社から同書の訳書にあたる本書について著作権・版権料など一切請求をしない了解をいただいた。

　また本書刊行を後押しするきっかけのひとつとなった新出の壁画については，安田氏が関係者から朝日新聞への掲載の打診をうけ，私や今村氏とともにピダエフ氏から直に写真転載の許可をいただき，2018年11月18日（日）付けの朝日新聞朝刊に紹介していただいた。筆者は大阪本社版と関東版の2種類を目にしたが，いずれも一面と社会面にとりあげられ，また英文版でもWeb版でも紹介された。その発見が中央アジア美術史上，重要であることは確信していたから，それが世の中に広く知れ渡ることで，少し責任を果たせたようにも思えた。もちろん，ウズベキスタン側には日本の研究や技術が壁画の保存や修復に役に立てればと伝えた。

　なお，訳文中，〔　〕を用いた箇所は，訳者が補足した説明である。また，図版については，ピダエフ氏から提供を受けたが，原書掲載の図版とは

必ずしも一致しておらず，原書にない図版はできるだけ採録する一方で，一部は立正大学隊撮影の写真で補填した。また図版のキャプションについては，基本的に原書からの訳に相当するものとしたが，以下の日本語の出版物に掲載された同一品のキャプションが大きく異なる場合や補足が必要と判断した場合は，それを〔　〕で示すこととした。また本書前半部分をしめる訳文の原書には出土地の誤りや写真が反転しているものが見られたが，できるだけ修正をおこなった。

　プガチェンコワ編集主幹，ルトヴェラゼ・加藤九祚責任編集『南ウズベキスタンの遺宝』（創価大学出版会，1999 年）

　田辺勝美・前田耕作編『世界美術大全集　東洋編 15』（小学館，1999 年）

　加藤九祚・ピダエフ著『ウズベキスタン考古学新発見』（東方出版，2002 年）

　加藤九祚監修・キュレイターズ編『偉大なるシルクロードの遺産展』（展覧会カタログ，2005 年）

　本書に収録された仏教遺跡からの出土品の多くは，現在，タシケントのウズベキスタン歴史博物館やテルメズ考古博物館に所蔵されているものが大半である。ただ一般には公開されていないウズベキスタン科学アカデミー芸術学研究所の所蔵品も数多く，かつ一部はサンクトペテルブルクのエルミタージュ美術館やモスクワの美術館にあって，容易に実見できないものが多い。このうちのいくつかは特に加藤九祚先生の尽力によって日本での展覧に供されたことがあるが，いまだに日本ではあまり知られていない。今後，これらのウズベキスタンの至宝が日本で展示される機会があることを願ってやまない。

　2019 年 1 月 15 日

立正大学ウズベキスタン学術交流プロジェクト　PL
立正大学文学部准教授　　岩　本　篤　志

著者略歴

ショキルジョン・ピダエフ（Shokirjon R. Pidaev）

ウズベキスタン共和国科学アカデミー芸術学研究所所長。

1947 年タシケント市生まれ。1971 年，タシケント国立大学（現ウズベキスタン国立大学）歴史学部考古学科を卒業。1976 年，ソビエト連邦科学アカデミー考古学研究所レニングラード支部（現ロシア科学アカデミー物質文化史研究所）歴史学博士候補（Ph.D.）学位論文審査に合格。2005 年，ウズベキスタン共和国科学アカデミー考古学研究所所長。2009 年から現職。これまでに数多くの学術書，論文を公刊している。主な著書として『バクトリア北部のクシャーナ朝時代の集落』（タシケント，1978 年），『南ウズベキスタンの古代貨幣目録』（タシケント，1981 年。E.V. ルトヴェラゼとの共著），『ウズベキスタン考古学新発見』（大阪，東方出版，2002 年。加藤九祚との共著），『オクサスのテルメズ―中央アジアの首都』（パリ，2008 年。Pierre Leriche との共著）などがある。

編者略歴

加藤九祚（かとう　きゅうぞう）

国立民族学博物館名誉教授，創価大学名誉教授。

1922 年朝鮮慶尚北道生まれ，上智大学予科入学。1944 年に工兵第二連隊（仙台）入隊，満洲出征。敗戦によりシベリアに 4 年 8 ヶ月抑留された。復員後，上智大学文学部独文科卒業，平凡社に入社。上智短期大学助教授を経て，国立民族学博物館教授。1983 年，「北東アジア民族学史の研究」で大阪大学学術博士。ロシア科学アカデミー名誉歴史学博士。大佛次郎賞・南方熊楠賞など受賞多数。1998 年以降，ウズベキスタン共和国科学アカデミー考古学研究所と共同でクシャン時代の仏教遺跡カラテパの発掘に従事。2002 年ウズベキスタン政府より「ドストリク」（友好）勲章，テルメズ市より「名誉市民」章受章。2011 年，瑞宝小綬章受章。2014 年より立正大学ウズベキスタン学術調査隊顧問。2016 年 9 月，カザフスタンとウズベキスタンを取材等で往復後，テルメズでの調査活動直前に倒れ，搬送された病院で逝去。享年 94 才。数多くの学術書，論文を公刊した。本書に関わる主著として『中央アジア北部の仏教遺跡の研究』（奈良，シルクロード学研究センター，1997 年），『考古学が語るシルクロード史：中央アジアの文明・国家・文化』（E.V. ルトヴェラゼの著作の翻訳，平凡社，2011 年），『シルクロードの古代都市：アムダリヤ遺跡の旅』（岩波書店，2013 年）などがある。

今村栄一（いまむら　えいいち）

名古屋大学アジアサテライトキャンパス学院ウズベキスタンサテライトキャンパス・プロジェクト調整員。立正大学ウズベキスタン学術調査隊・委嘱調査隊員。

1973 年京都府生まれ。名古屋大学大学院人間情報学研究科博士後期課程満期退学。ロシア中世史専攻。著作に「1470-80 年代モスクワ大公官房による文書庫所蔵文書の再検討」『社会文化形成』第 5 号（2014 年），「都市ノヴゴロドの成立——最近の考古学研究を中心に——」『ロシア史研究』第 75 号（2004 年）などがある。

立正大学ウズベキスタン学術交流プロジェクトシリーズ 1
ウズベキスタンの仏教文化遺産

2019年3月31日　初版発行

著　　者　ショキルジョン・ピダエフ
訳　　者　加藤　九祚・今村　栄一
発 行 者　八木　唯史
発 行 所　株式会社　六一書房
　　　　　〒101-0051　東京都千代田区神田神保町 2-2-22
　　　　　電話 03-5213-6161　FAX 03-5213-6160　振替 00160-7-35346
　　　　　http://www.book61.co.jp　Email　info@book61.co.jp
印刷・製本　藤原印刷株式会社
装　　丁　篠塚　明夫

ISBN 978-4-86445-113-0　C1022　　©加藤九祚　今村栄一　　　　　Printed in Japan